PREMIÈRES

CONNAISSANCES,

OU

NOUVEL ABÉCÉDAIRE

A L'USAGE DES

PENSIONNATS DE DEMOISELLES

OUVRAGE NOUVEAU,

RÉDIGÉ ET MIS EN ORDRE

PAR UNE

MAITRESSE DE PENSION.

Seurre.

J. A. TRAMAUX-MALHET,

IMPRIMEUR-LIBRAIRE, ET LITHOGRAPHE.

1838.

explicite, mais qui doit recevoir des com-
s dans les paroles ministérielles. Cela
tant plus urgent, qu'à la fin de la ses-
nière M. le président du conseil avait dé-
'il n'avait aucun système.

, dit l'orateur, à la Chambre des députés
partient de tracer aux ministres la direc-
'ils doivent suivre et de les y maintenir.
l'honorable député, les colléges électo-
nt parlé haut et clair ; le grand verdict
l a condamné la conduite suivie jusqu'à-

uizot : Je demande la parole. (Sensation).
de Sade : Je rends justice aux intentions
mmes dont j'ai souvent combattu le sys-
mis je dois dire qu'à mon avis ils se sont
té trop de mérite pour avoir maintenu l'or-
'l n'y a pas grand mérite à maintenir l'or-
ms un pays où tout le monde le veut. Et
fût trouvé un ministre qui n'eût pas eu
t, il aurait été immédiatement renversé.
st 4 heures.

VARIÉTÉS.

Tremblay, ayant envoyé à M. de Lamar-
une pièce de vers sous le titre d'*Epitre à*
é (1), dans laquelle, se moquant des
rations romantiques, il rappelle l'ombre de
oète aux lieux où furent ses amours, le
tre des *Méditations* lui répondit par les vers
ints :

De Senecé l'ombre aimable et gentille,
Dans ce château, par sa lyre ennobli,
Revient un jour des rives de l'oubli.
Le sombre ennui le reçoit à la grille.
Lors il s'enfuit ; puis se tournant devers
L'humble hermitage où, malgré cent hyvers,
Dans les chansons sa verve encor pétille,
Avec surprise il écoute les airs ;
Hola! dit-il, reconnaissant ses vers,
Mon héritier n'est pas de ma famille.

PREMIÈRES

CONNAISSANCES.

PREMIÈRES
CONNAISSANCES,

OU

NOUVEL ABÉCÉDAIRE

A L'USAGE DES

PENSIONNATS DE DEMOISELLES

OUVRAGE NOUVEAU,

RÉDIGÉ ET MIS EN ORDRE

PAR UNE

MAITRESSE DE PENSION.

Seurre.

J. A. TRAMAUX-MALHET,

IMPRIMEUR-LIBRAIRE, ET LITHOGRAPHE.

1838.

A	B
C	D
E	F

G	H
IJ	K
L	M

N	O
P	Q
R	S

T	U
V	X
Y	Z

A B C D

E F G H

I J K L

M N O P

Q R S T

U V X Y Z

a b c d

e f g h

i j k l

m n o p

q r s t

u v x y z

A B C D E

F G H I J

K L M N O

P Q R S T

U V X Y Z

a b c d e

f g h i j

k l m n o

 p r s t

u v x y z

A B C D E
a b c d e

F G H I J
f g h i j

K L M N O
k l m n o

P Q R S T
p q r s t

U V X Y Z
u v x y z ʒ

VOYELLES.

a, e, i, ou y, o, u.

SYLLABES.

ba	be	bi	bo	bu
ca	ce	ci	co	cu
da	de	di	do	du
fa	fe	fi	fo	fu
ga	ge	gi	go	gu
ha	he	hi	ho	hu
ja	je	ji	jo	ju
ka	ke	ki	ko	ku
la	le	li	lo	lu

a	me	mi	mo	mu
a	ne	ni	no	nu
a	pe	pi	po	pu
ua	que	qui	quo	qu
a	re	ri	ro	ru
a	se	si	so	su
a	te	ti	to	tu
a	ve	vi	vo	vu
a	xe	xi	xo	xu
a	ze	zi	zo	zu

LETTRES ACCENTUÉES.

é	(aigu)
à è ù	(graves)
â ê î ô û	(circonflexes)
ë ï ü	(tréma)

SIGNES DE LA PONCTUATION.

La Virgule (,)

Le Point et la Virgule (;)

Les deux Points (:)

Le Point (.)

Le Point d'interrogation (?)

Le Point d'exclamation et d'admiration (!)

Le c cédille (ç)

Les Parenthèses ( )

Les Guillemets (««)

Le trait d'union (-)

L'Apostrophe (')

L'Étoile (*)

MOTS DE DEUX SYLLABES.

Pa pa.

Ma man.

Da da.

Vo lant.

Rai sin.

Jar din.

Se rin.

Voi sin.

Poi re.

Bon net.

Bé guin.

Fan fan.

Gâ teau.

Jou jou.

Na non.

Tou tou.

Pou pée.

Dra gée.

Bon bon.

Bam bin.

Pom me.

Cou teau

Cha peau.

Sa ge.

Sol dat.

Pa ris.

MOTS DE TROIS SYLLABES.

Sa ges se.

Vé ri té.

Ba di ner.

A bo lir.

Mo nar que.

Hi stoi re.

Pâ té.

Sé vè re.

Ba bil ler. O bé ir.
Dé chi rer. É tren ne.
Do ci le. Si len ce.

Mots de quatre Syllabes.

Do ci li té. Ré pri man de.
Pu ni ti on. So bri é té.
Gour man di se. Sa ga ci té.
Im po stu re. Sé vé ri té.

Phrases Simples

Ne mentez jamais.
Dieu voit tout.
Il faut aimer, chérir ses pa-
  rens.
Priez Dieu.
Faites toujours le bien.
Le travail est récompensé.
La promenade est agréable,
  elle délasse l'esprit après
  l'étude.

Obéissez à vos Maîtres.

La science est respectée.

Aimez vos frères et sœurs.

La vérité est aimable.

Le mensonge est odieux.

La vertu est modeste.

Le crime est hideux.

Fréquentons les bons.

Fuyons les méchans.

Dieu est le maître de tout,
C'est lui qui a créé le ciel
et la terre.

Chérissons nos parens.

Les arts sont beaux, ils pro-
curent les jouissances de
la vie.

Dieu nous regarde comme
ses enfans.

Nous devons l'aimer comme
notre père.

Dieu est puissant il peut tout.

Il protège notre enfance et
nous guide dans la vertu.
Soyons toujours vertueux.

Phrases composées.

Ma petite fille vous aimez
bien à jouer, mais il faut
aussi aimer à lire.

Il faut aimer et respecter
son père et sa mère.

Tout nous ordonne d'ai-
mer nos semblables et de
leur faire du bien.

L'amour du travail est une
source de richesse et de bonheur.

Il n'y a pas de titre plus
précieux que celui de chré-
tien.

Les Prêtres sont les déposi-
taires de la morale.

Celui qui ne veut être utile à personne, n'est pas digne de vivre avec ses semblables, car les hommes sont faits pour s'aimer, et pour se rendre service les uns aux autres.

L'émulation doit encourager les enfans à acquérir de la science et de la vertu.

On sait que Dieu voit tout, qu'il est partout ; il suffit donc de ceci, quil ne faut faire que ce qui est bien.

Adam et Eve furent les premières créatures humaines.

Dieu leur donna la possession de la terre et de tout ce qu'elle produisait.

Ils furent chassés du paradis terrestre, parce qu'ils oublièrent ses commandemens.

Ne péchons jamais, soyons toujours sages.

PETITS DISCOURS SUIVIS.

Ma fille, voyez ce beau petit Serin comme ses yeux sont vifs, regardez ses plumes, ses belles ailes et sa longue queue, et comme il chante ! -- Ah ! maman, qui lui a appris à chanter ?

-- Cette petite musique qu'on appelle pour cela, Sérinette. Voilà une souris, qu'elle prenne garde au chat.

-- Mais pourquoi donc le chat mange-t-il les souris, des animaux qui ne lui ont rien faits ?

-- Parce que le chat est un

animal sauvage qui aime la destruction, et qui assouvit sa cruauté sur tout ce qui est moins fort que lui.

-- Brillant est un bon chien, il sait chasser et garder notre maison; il aboie, mais il ne mord pas; je vais lui donner un os; comme il me caresse; il viendra se promener avec nous, n'est-ce pas ma chère maman?

--Oui, s'il ne court pas après les poulets. Jettez cette ordure, regardez vos mains comme elles sont sales, allez vous-en les laver.

Je vous acheterai un livre pour apprendre à lire. Voilà un ver, ne marchez pas dessus, il ne vous fait pas de mal.

-- Oh ! maman, les jolis petits oiseaux que ce petit garçon emporte, que je voudrais les avoir.

--Ma fille, je ne chercherai pas à vous les procurer, car c'est très mal déja d'avoir enlevé ces petits oiseaux à leur mère, puis, vous les feriez souffrir, tandis que ce petit garçon les élevera pour distraire sa famille.

--Maman, quel jour est-ce donc aujourd'hui ?

--Mardi, le deuxième jour de la semaine, la semaine se compose de sept jours.

--Comment s'appellent-ils ?

--Lundi, Mardi, Mercredi, Jeudi, Vendredi, Samedi et Dimanche.

-- Mais pourquoi que nos ouvriers ne travaillent pas le Dimanche et qu'ils vont à la messe ?

--Parce que c'est la religion qui le commande, Dieu pour créer le ciel et la terre, mit six jours à son ouvrage, et le septième il se reposa : c'est pour cela que ce jour est consacré à son service.

-- Quand est-ce que papa reviendra de son voyage ?

-- A la fin du mois.

--Qu'est-ce c'est donc qu'un mois ?

--C'est la douzième partie de l'année. L'année se compose de douze mois qui sont ; Janvier, Fevrier, Mars, Avril, Mai, Juin, Juillet, Août,

Septembre , Octobre , Novembre et Décembre. Chaque mois se compose de trente jours, et chaque jour se divise en vingt-quatre heures ; de plus, l'année se compose également de cinquante-deux semaines , et comme je l'ai déja dit, la semaine se divise en sept jours ; mais il nous faut rentrer de notre promenade, car le ciel est chargé de nuage et la pluie pourrait nous surprendre au milieu de la campagne.

LA PROMENADE,

Ma fille, hier soir je vous ai promis que si vous étiez bien sage je vous conduirai à la promenade : je viens vous chercher, nous allons partir : n'oubliez pas votre petit panier, mettez-y cette rotie de confiture, quand vous serez fatiguée vous serez bien aise de la manger en vous reposant.

-- Oh maman regardez donc ce Papillon qu'il est joli, les belles couleurs répandues sur ses ailes, voulez que j'essaye de le prendre.

-- Non, ne voyez vous pas qu'il vole beaucoup plus vite que vous ne pourriez courir puis, vous ne devez pas attenter à sa liberté, elle lui est trop précieuse, peut-être né d'hier il mourra demain.

-- Pourquoi donc? est-il déja malade.

-- Le Papillon vit a peine quelques jours, bien souvent il naît et meurt avec les fleurs sur les qu'elles il se nourrit,

Voyez cette Abeille comme elle donne l'exemple du travail ; ce qu'elle cueille sur cette fleur c'est le miel dont vous êtes si friande. Une ruche d'abeilles est comme une grande famille, une parfaite union y regne toujours, et chaque membre travaille au bien de toute la société ; la mère se nomme la Reine et ses sujets lui obéissent et la respectent.

-- Ma chère maman regardez donc ce bel oiseau blanc qui boit à cette fontaine.

-- C'est une Colombe.

Cet oiseau est remarquable par son attachement pour ses enfans et par la douceur de son caractère ; on en à vu

mourir de douleur de la per-
te de leurs petits.

Ma fille ressemblez à cet
oiseau, pour sa douceur et
son amitié constante, rien
n'est plus beau dans un enfant que la douceur, l'amitié et la bonté pour ses parens, ses frères et sœurs.

— Oh ? vous savez combien
je vous aime ainsi que papa
et mon frère Auguste; que
je serai contente quand il
sera de retour de sa pension
pour étudier et nous promener ensemble.

J'ai bien peur que quand
il sera de retour il ne soit
plus savant que moi; mais,
j'étudie beaucoup et sous tes
yeux, j'ose donc espérer que

mes talens seront égaux aux siens.

-- J'aime à vous voir ma chère Augustine, dans ces beaux sentimens ; persévérez dans cette louable conduite et un jour vous en serez récompensée.

-- Maman, regardez donc là bas, cette machine que trainent ces bœufs conduits par ce villageois ; comme elle retourne la terre ; a quoi sert ceci.

-- Je vais te l'expliquer et pour cela nous allons nous approcher de ce qui te surprend tant pour mieux te faire comprendre.

L'AGRICULTURE.

Ma fille ce que vous voyez est un laboureur, qui sème du blé avec lequel on fait le pain.

En automne, bien avant le lever du soleil il attele ses bœufs à sa charrue et va labourer la terre, il y trace de

longs sillons dans lesquels il
sème du blé qu'il recouvre de
terre avec la herse; le blé est
si fécond qu'un grain produit
jusqu'a vingt tiges, qui, quelque fois sont toutes chargées
d'épis contenant plus de cent
grains.

Six mois après qu'il à été
semé pendant ce temps il à
crû, puis, les grandes cha-
leurs d'été l'ont muri; alors
le moissonneur prend sa fau-
cille, il coupe le blé, sa fem-
me et ses enfans le mettent
en gerbe, de là il est trans-
porté dans les granges où il
est battu pour séparer le
grain de son enveloppe et de
la paille; ensuite il est conduit au moulin où il se tran-

sforme en farine, qui est le milieu du grain, et en son qui en est l'enveloppe ; c'est ave la farine qu'on fait le pain.

Le Seigle, l'Orge, l'Avoine et divers grains, se cultivent de la même manière que le blé.

Ma chère Augustine de tous les dons que nous à faits la Providence divine, le plus précieux de tous c'est le blé, puisqu'il nous fournit le pain qui, dans nos climats est la nourriture la plus nécessaire.

-- Je remercierai Dieu d'un tel bienfait ; et je le prierai qu'il fasse toujours prospérer le travail du laboureur.

-- Ma fille, il nous faut retourner à la maison, j'ai à écrire à votre père; seulement en nous en allant nous passerons chez Mathurine, où vous mangerez une bonne tartine de beurre.

-- Et en échange je donnerai aux enfans de Mathurine ma rotie de confiture, vous savez combien ils les aiment.

-- C'est qu'ils n'en mangent pas souvent tandis que tous les jours ils ont du beurre; c'est ainsi que la privation d'un objet nous le rend plus cher.

———

LA CORBEILLE

DE FLEURS.

C'était la veille de la fête de la mère d'Augustine, depuis le matin sous la conduite de sa bonne, elle parcourait les champs, y cueillant toutes les fleurs qu'elle pouvait y trouver.

Quand elle fut de retour à la maison, elle s'occupa de

ranger avec le plus grand soin dans une jolie petite corbeille, les fleurs qu'elle venait de cueillir.

Avec qu'elle impatience n'attendit-elle pas, que l'heure de les présenter à sa mère fut arrivée.

A chaque instant elle regardait la pendule trouvant bien long le temps, qui pour la première fois ne s'écoulait pas aussi vite qu'elle le désirait.

Sa mère, clairvoyante, jouissait de son embarras e t de son inquiétude, car Augustine ne s'avait à quoi s'occuper, pour que le temps s'écoulât avec moins d'ennui.

Enfin le Soleil à disparu, il est nuit; Augustine, d'un saut est dans la chambre de sa mère.

Là, le cœur palpitant d'une douce émotion, elle lui offrit sa corbeille de fleurs en lui récitant ces charmantes paroles, qui peignaient si bien la candeur de son ame.

Qu'est-il besoin de fleurs,
Lorsqu'on fête une bonne Mère !
Le moindre vent dissipe leur odeur,
Et leur éclat ne dure guère :
Mais l'honorer par de tendre respect,
Et dans mes yeux, ou le doux plaisir brille,
Lui laisser voir les vœux de sa chère fille ;
Voilà pour elle le plus beau des bouquet.

Mais qui fut surprise de voir au même instant Auguste entrer dans la chambre

5

de sa mère un bouquet à la main, ce fut Augustine à qui on avait laissé ignorer l'arrivée de son frère ; cependant malgré cette subite surprise un air de triomphe regnait dans ses yeux : elle avait été la première au lever de sa mère.

Auguste embrassa sa mère et en lui présentant son bouquet, lui récita le compliment suivant qu'il avait fait lui-même.

Un jeune enfant
Que peut-il offrir à sa Mère
D'interressant ?
Un cœur tendre et reconnaissant.
C'est toujours la fleur la plus chère :
Il sait que ce présent doit plaire
A sa maman.

Madame de Blainville, ne put résister plus long-temps aux transports qui l'agitaient elle pressa ses deux enfans sur son cœur et remercia Dieu, de lui avoir accordé tant de jouissances maternelles ; seulement, elle regretta vivement que son mari ne fut pas présent.

Ensuite, elle donna à Augustine et à Auguste, de bons et beaux livres où ils pouvaient puiser d'utiles connaissances.

Auguste avait obtenu quelques jours de vacances, que son aptitude à l'étude lui avait fait accorder facilement ; combien Augustine fut aise de se voir réunis pour un temps bien court à la vérité, mais enfin elle espère en profiter.

L'Étude et la promenade partageront leur temps ; elle brûle d'essayer ses forces avec Auguste, car combien n'a-t-elle pas été surprise d'apprendre que ce compliment était de lui, il est vrai, retouché par un Professeur.

LA PRIÈRE.

HÉLÈNE et Théophile étaient tendrement chéris de leurs parents, et les aimaient avec la même tendresse.

Depuis quelques jours ils avaient pris l'habitude de courir au fond du jardin après leur déjeuner, et de n'en revenir qu'au bout d'un quart-

3.

d'heure, pour se mettre au travail.

Cette conduite fit naître la curiosité de M. de Florigni, leur père. Ses deux enfans, jusqu'alors, avaient été fort studieux ; et il avait su leur rendre le travail si agréable, qu'ils laissaient souvent leur déjeuner à moitié, pour courir plus vîte à leurs leçons.

Que devons-nous penser de ce changement, dit-il à son épouse ? Si nos enfants prennent une fois le goût de l'oisiveté, nous leur verrons bientôt perdre les heureuses dispositions qu'ils avaient montrées. Nous perdrons même nos plus chères espérances, et le plaisir que nous avions à les aimer.

Madame de Florigni ne put lui répondre que par un soupir.

Le même jour, elle dit à ses enfants : qu'allez - vous donc faire de si bonne heure dans le jardin ? Vous pourriez bien attendre que votre travail fut fini, pour vous livrer à vos récréations.

Hélène et Théophile gardèrent le silence, et embrassèrent plus tendrement que jamais leur maman.

Le lendemain au matin, lorsqu'ils crurent n'être vus de personne, ils s'acheminèrent doucement vers le berceau de chèvre-feuille qui était au bout de la grande allée

Madame de Florigni atten-
dait ce moment, et les suivit
sans en être] aperçue, à la
faveur d'une charmille épais-
se, le long de laquelle elle se
glissa sur la pointe du pied.

Lorsqu'elle fut arrivée près
du berceau, et qu'elle fut
postée dans un endroit d'où
elle pouvait tout remarquer
à travers le feuillage, Dieu !
de quelle joie son cœur ma-
ternel fut saisi, lorsqu'elle
vit ses deux enfants joindre
leurs mains, et se mettre à
genoux.

Théophile disait cette prière; Hélène la répétait après
lui :

» Seigneur, mon Dieu, je
» te prie que nos parents ne

» meurent pas avant nous.
» Nous les aimons tant, et
» nous aurons tant de plaisir
« à faire leur bonheur, lors-
» que nous serons devenus
» grands.

» Rends-nous bons, justes
» et sages, pour que notre pa-
» pa et notre maman puissent
» tous les jours se réjouir de
« nous avoir donné la vie.

» Entends-tu, mon Dieu ?
» Nous voulons aussi faire
» tout ce qui est dans tes
» commandemens. »

Après cette prière, ils se levèrent tous deux, s'embras-sèrent tendrement, et retour-nèrent à la maison, en se tenant par la main.

Des larmes de joie coulaient le long des joues de leur mère. Elle courut à son époux, le pressa sur son sein, lui redit ce qu'elle avait entendu ; et ils furent l'un et l'autre aussi heureux que s'ils avaient été transportés tout d'un coup, avec leur famille, dans les délices du paradis.

LES CERISES.

Madame Dorville avait donné à sa fille un joli petit Cerisier qui était dans le jardin, et qui avait été planté le jour de la naissance d'Adèle.

Chaque jour Adèle, chez sa mère, voyait pratiquer la

charité la plus austère, car madame Dorville savait entre les pauvres distinguer le véritable nécessiteux ; dans cette maison on ne donnait donc qu'au pauvre aveugle conduit par un chien ou par un enfant ; qu'à l'estropié, qu'au paralytique : enfin, à tous ceux qui par un travail quelconque ne pouvaient subvenir à aucun moyen d'existance.

Un jour que madame Dorville avait quitté la maison pour faire quelques visites, Adèle était restée seule pour surveiller les domestiques. En se promenant elle aperçut à l'ombre de la haie qui entourait le jardin , une petite fille d'environ dix ans, qui pleurait auprès de sa mère ; Adèle s'approcha d'elle et demanda à la petite le sujet de ses pleurs.

» Maman se meurt de lassitude et de soif, et je ne puis me procurer ce dont elle a besoin. »

A l'instant, Adèle les conduisit à la maison et n'ayant pas les clefs nécessaires pour leur procurer à boire et à manger, elle courut au Jardin où elle cueillit toutes les cerises de son cerisier qu'elle leur offrit avec nue grâce enchanteresse.

Au même instant madame Dorville arriva qui completta l'œuvre de sa fille.

Combien d'enfans n'auraient pas dépouillé un arbre chéri, pour une mendiante.

LE SOLEIL ET LA LUNE.

La charmante soirée !
viens, Antonin, disait M. de
Verteuil à son fils. Regarde,
le Soleil est prêt à se cou-
cher. Comme il est beau !
Nous pouvons l'envisager
maintenant. Il n'est pas si
éblouissant qu'à l'heure du

dîner, lorsqu'il était au plus haut de sa course. Comme les nuages sont beaux aussi autour de lui ! ils sont de couleur de souffre, de couleur d'écarlate et de couleur d'or ! Mais vois-tu avec quelle vitesse il descend ! Déja nous ne pouvons plus en voir que la moitié. Nous ne le voyons plus du tout. Adieu, Soleil.

A présent, Antonin, tourne les yeux de l'autre côté. Qu'est-ce qui brille ainsi derrière les arbres ? Est-ce un feu ? Non, c'est la Lune. Elle est bien grande ; et comme elle est rouge ! On dirait qu'elle est pleine de sang. Elle est toute ronde aujourd'hui, parce que c'est pleine Lune. Elle ne sera pas si ronde demain au soir. Elle perdra encore un morceau après-demain, un autre le jour suivant, et toujours de plus en plus, jusqu'à ce qu'elle devienne comme ton arc; alors on ne la verra plus qu'à l'heure où tu seras au lit, et de jour en jour, elle deviendra encore plus petite, jusqu'à ce qu'on ne la voie plus du tout au bout de quinze jours.

Ce sera ensuite nouvelle Lune, et tu la verras dans l'après-midi. Elle sera d'abord bien petite; mais elle deviendra chaque jour plus grande et plus ronde, jus-

qu'à ce qu'au bout de quinze autres jours, elle soit
tout-à-fait pleine comme aujourd'hui ; et tu la verras
encore se lever derrière les
arbres.

ANTONIN.

Mais, mon papa, comment
le Soleil et la Lune se tien-
nent-ils tout seuls en l'air ?
Je crains toujours qu'ils ne
me tombent sur la tête.

M. DE VERTEUIL.

Tranquilise-toi, mon fils,
il n'y a pas de danger, je
t'expliquerai un jour ce qui
t'embarasse, lorsque tu seras plus en état de m'enten-
dre. Ecoute, en attendant,
ce que l'un et l'autre t'adres-

sent par ma bouche.

Le Soleil dit d'une voix éclatante : je suis le roi du jour. Je me lève dans l'Orient et l'Aurore me précède pour annoncer à la terre mon arrivée. Je frappe à ta fenêtre avec un rayon d'or, pour t'avertir de ma présence, et je te dis : Paresseux, lève-toi : je ne brille pas pour que tu reste enseveli dans le sommeil : je brille pour que tu te lève et que tu travaille. Je suis le grand voyageur. Je marche comme un géant, à travers toute l'étendue des cieux. Jamais je ne m'arrête, et je ne suis jamais fatigué.

Jai sur ma tête une conronne de rayons étincelans que je disperse sur tout l'univers, et tout ce qu'ils frappent, brille d'éclat et de beauté. Je donne la chaleur aussi bien que la lumière. C'est moi qui mûris les fruits et les moissons. Si je cessais de régner sur la nature, rien ne croîtrait dans son sein ; et les pauvres humains mourraient de faim et de désespoir dans l'horreur des ténèbres.

Je suis très-haut dans les cieux, plus haut que les montagnes et les nuages. Je n'aurais qu'à m'abaisser un peu plus vers la terre, mes feux la dévoreraient dans un instant, comme la flamme dévore la paille légère que l'on jette sur un brasier.

Depuis combien de siècles je fais la joie de l'univers. Il y a six ans qu'Antonin ne vivait pas encore. Antonin n'était pas au monde ; mais le soleil y était. J'y étais, lorsque ton papa et ta maman ont reçu la vie, et bien des milliers d'années encore auparavant : cependant je n'ai pas vieilli.

Quelquefois, je dépose ma couronne éclatante, et j'enveloppe ma tête de nuages argentés ; alors tu peux soutenir mes regards ; mais lorsque je dissipe les nuages pour briller de toute ma splendeur du midi, tu n'oserais porter sur moi la vue; j'éblouirais tes yeux, Je t'a- veuglerais. je n'ai permis qu'au seul roi des oiseaux de contempler, d'un œil im- mobile, tout l'éclat de ma gloire.

L'Aigle, s'élençant de la ci- me des plus hautes monta- gnes, vole vers moi d'une aile vigoureuse, et se perd dans mes rayons en m'ap- portant son hommage. L'A- louette suspendue au milieu des airs, chante, à ma ren- contre ses plus douces chan- sons, et réveille les oiseaux endormis sous la feuillée. Le coq resté sur la terre, y proclame mon retour d'une voix perçante; la Chouette et le Hibou fuient à mon aspect, en poussant des cris plaintifs, et vont se réfugier sous les ruines de ces tours orgueilleuses que j'ai vu s'élever fièrement, dominer pendant des siècles sur les campagnes, et s'écrouler ensuite sous le poids d'une longue vieillesse.

Mon empire n'est pas borné, comme celui des rois de la terre, à quelques parties du monde. Le monde entier est mon empire. Je suis la plus belle et la plus glorieuse créature qu'on puisse voir dans l'univers.

La Lune dit d'une voix tendre : je suis la reine des nuits. J'envoie mes doux rayons pour te donner de la lumière, lorsque le soleil n'éclaire plus la terre.

Tu peut toujours me regarder sans péril; car je ne suis jamais assez resplendissante pour t'éblouir; et je ne te brûle jamais. Je laisse même briller dans l'herbe les petits vers luisants à qui le Soleil dérobe impitoyablement leur éclat. Les étoiles brillent autour de moi, mais je suis plus lumineuse que les étoiles; et je parais dans leur foule, comme une grosse perle entourée de plusieurs petits diamans étincelans.

Lorsque tu es endormi, je me glisse sur un rayon

d'argent à travers tes rideaux et je te dis : Dors, mon petit ami, tu es fatigué, je ne troublerai point ton sommeil.

Le rossignol chante pour moi, celui qui chante le mieux de tous les oiseaux, perché sur un buisson, il remplit la forêt de ses accens aussi doux que la lumière, tandis que la rosée descend légèrement sur les fleurs, et que tout est calme et silencieux dans mon empire.

MAXIMES

Enfans, obéissez à vos pères et à vos mères en ce qui est selon le Seigneur ; car cela est juste.

Honorez votre père et votre mère afin que vous soyiez heureux, et que vous viviez long-temps sur la terre.

Maudit soit celui qui n'honore point son père et sa mère.

Celui qui outrage son père et sa mère, de paroles, est digne de mort.

Celui qui frappe son père et sa mère est digne de mort.

Mon fils, soulagez votre père dans sa vieillesse, et ne l'attristez pas durant sa vie ; car la charité que vous aurez eue pour votre père ne sera point mise en oubli devant Dieu.

Un enfant qui est sage est la joie de son père ; l'enfant libertin est la tristesse de sa mère

Corrigez votre fils, il vous consolera, et il deviendra les délices de votre ame.

Le méchant se moque de la correction de son père ;

celui qui se soumet au châtiment en deviendra plus sage.

L'enfant abandonné à sa volonté fera la confusion de sa mère, et il deviendra insolent.

Ne rendez point votre fils maître de ses actions pendant qu'il est jeune, ne négligez point ce qu'il fait et ce qu'il pense.

Instruisez votre fils; appliquez-vous à le former, de peur qu'il ne vous déshonore par une vie honteuse.

L'enfant qui dérobe quelque chose à son père ou à sa mère, et qui dit que ce n'est pas un péché, a part au crime des homicides.

Enfans, obéissez à vos supérieurs, et soyez soumis à leurs ordres ; car ce sont eux qui veillent pour le salut de vos ames, comme devant en rendre compte à Dieu.

Celui qui aime à être repris aime la science ; mais celui qui hait les réprimandes s'égare.

Mon fils demandez toujours conseil à un homme sage.

Portez honneur et respect à ceux qui ont des cheveux blancs

Celui qui fréquente des personnes sages devient sage.

Rendez-vous service les uns aux autres par un esprit

de charité.

Soyez toujours prêts à faire du bien à vos frères et à tout le monde.

Edifiez-vous les uns les autres, rendez-vous parfaits, excitez-vous au bien.

N'ayez point de liaisons avec les méchans.

Eloignez-vous des mauvaises langues : que les méchans soient loins de vous.

Mon fils, ayez Dieu présent dans l'esprit tous les jours de votre vie, et ne consentez jamais au péché ; ne violez jamais les préceptes de la loi du Siegneur.

Ceux qui commettent le péché sont ennemis de leur ame.

Evitez le mal et faites le bien.

Qui commet le péché est enfant du diable . celui qui est né de Dieu ne connaît pas le péch

Tâchez d'avoir la paix a-vec tout le monde , et la sain-teté, sans laquelle personne ne verra Dieu.

Que votre lumière brille devant les hommes , afin qu'ils voient vos bonnes œu-vres, et qu'ils en glorifient votre père qui est dans le ciel.

Faites toutes vos actions dans un esprit de charité.

Quiconque s'élève sera a-baissé; quiconque s'humilie sera élevé.

Celui qui a de la vanité et de l'orgueil sera en abomination devant Dieu.

Le jeune homme suit sa première voie dans sa vieillesse même, et ne la quittera point.

Vous aimerez le Seigneur votre Dieu de tout votre cœur, de toute votre ame et de tout votre esprit.

Vous adorerez le Seigneur votre Dieu, et vous ne servirez que lui seul.

Sachez que Dieu vous fera rendre compte, au jour du jugement, de toutes les fautes que vous avez commises dans votre jeunesse.

Si vous voulez entrer dans la vie éternelle, observez mes

commandemens, dit le Seigneur

Heureux ceux dont les mœurs et la vie sont pures, et qui se conduisent suivant la loi de Dieu.

Rien ne manque à ceux qui craignent le Seigneur.

Le juste est plus heureux avec le peu de bien qu'il possède, que le méchant au milieu des trésors.

Mon fils, ne craignez point il est vrai que nous sommes pauvres ; mais nous aurons beaucoup de bien si nous craignons Dieu, si nous nous éloignons de tout péché, et si nous faisons de bonnes œuvres.

Ne portez point envie aux

méchans, et ne désirez point d'être comme eux.

Mon fils avez-vous péché? ne péchez plus, mais priez pour vos fautes passées, afin qu'elles vous soient pardonnées.

Mes petits enfans, n'aimez point vos frères de paroles ni de langue, mais par des œuvres et en vérité.

Traitez les autres comme vous voudriez en être traité ; car c'est là toute la loi et les prophêtes.

La crainte du Seigneur est le commencement de la sagesse : les méchans méprisent la sagesse et la science.

Celui qui méprise la sagesse et l'instruction est malheureux.

La sagesse n'entre point dans une ame maligne, elle n'habite point dans un corps assujetti au péché.

Pratiquez en toutes choses l'humilité, la douceur et la patience, en vous supportant les uns les autres avec charité.

Ecoutez avec docilité ce que l'on vous dit, afin de bien comprendre et de donner une réponse sage et juste.

Ne répondez point avant d'avoir écouté, et n'interrompez personne au milieu de son discours.

Mes enfans, ne parlez point mal les uns des autres ; celui qui médit de son frère, et juge ses actions, agit contre la loi.

Fuyez les disputes et les querelles.

Le faux témoin ne restera point impuni : celui qui dit des mensonges périra.

Tout paresseux est toujours pauvre.

La tempérance dans le boire et dans le manger est la santé de l'ame et du corps.

FIN.

Seurre, Imprimerie de TRAMAUX.

À en juger par son langage, en diverses cir
constances, nous ne croyons pas que l'inserti
dans l'adresse d'un pareil vœu, fait avec la rése
ve convenable, rencontre de la part du cabin
une opposition sérieuse. Ce n'est pas le li
d'ailleurs d'examiner la question en elle-mêm
La discussion ne saurait, en ce moment all
jusque là.

Eu ce qui concerne l'amnistie la discussi
sera, cette fois à sa véritable place; elle pou
être complète; elle devra être décisive.

L'opposition est aujourd'hui de deux nuanc
elle a deux manières d'envisager toutes
questions; sur toutes elle se divise avant de
réunir et on la reverrait bientôt plus que jam
divisée si son union d'un moment pouvait
conduire au succès. En deux mots, nous av
la gauche et l'indéfinissable *centre gauche*.

En ce qui touche l'amnistie, la *gauche* c
sent à peine à remercier la couronne de l'a
de clémence qui a ouvert les prisons : si elle
veut bien dire quelques mots de politesse, c'
pour avoir occasion de reprocher à la préro
tive royale de n'avoir pas assez fait et pour
sister sur ce que, suivant certaine opinion, il
reste à faire.

Le *centre gauche* ne va pas absolument j
que là. Il veut seulement voir dans l'amnistie
changement de système, l'inauguration d't
politique nouvelle. Quelle politique? et q
système? le *centre gauche* ne s'explique pas
demande la condamnation ou au moins l'ab
don du passé. Est-ce pour introniser une po
que nouvelle? une bonne fois non. Il acce
les faits accomplis, les résultats obtenus; il
sent à vivre des fruits d'une victoire à laqu
sa eurs à e t-être contribué qu'elque

www.ingramcontent.com/pod-product-compliance
Lightning Source LLC
LaVergne TN
LVHW051502090426
835512LV00010B/2299